Wieland Freund lebt mit seiner Familie in Berlin. Bei Beltz & Gelberg erschienen von ihm verschiedene Kinder- und Jugendbücher, unter anderem die Bände um »Törtel, die Schildkröte aus dem McGrün« sowie »Wecke niemals einen Schrat!« und »Träum niemals von der Wilden Jagd!«.

Wieland Freund

TÖRTEL

Marder-Alarm

Das Buch zur TV-Serie
mit Originalbildern

Wer ist wer in Müggeldorf?

Törtel

Törtel ist eine griechische Landschildkröte.
Er kam in einem Baumarkt namens McGrün zur Welt
und ist unter die wilden Tiere von
Müggeldorf geraten. Törtel ist
langsam auf den Beinen, aber
ziemlich schnell im Kopf.
Außerdem zählt er, zum
Beispiel wenn er Angst hat.

Wendy

Die Füchsin wohnt in einer
verlassenen Hütte und ist Törtels
beste Freundin, auf die er sich
jederzeit verlassen kann.

Hokuspokus

Der Schwan vom Strandbad
Müggelsee liebt den großen
Auftritt. Besonders gern schwebt
er zur Konferenz der Tiere an der
Mole ein. Umso schlimmer, dass
er ausgerechnet beim Landen
Probleme hat.

Gerda Gruber

Gerda Gruber verkauft von
Berufs wegen Häuser. Sie
wohnt selbst in einem sehr
schönen und fährt ein noch
viel schöneres Auto.
Außerdem ist sie Hermann
Lüttkewitz' Nachbarin.

Sascha Bommel

Reporter bei der Müggeldorfer Zeitung, die *Der Müggelseebote* heißt. Das macht ihn zum Fachmann für unglaubliche Geschichten.

Hermann Lüttkewitz

Ein Rentner mit kleinem Haus und großem Garten und einer noch größeren Wut auf wilde Tiere.

Asta, Stine und Cally

… sind erstens Schwestern und zweitens Waschbären.
Drittens machen sie nur, was ihnen gefällt.

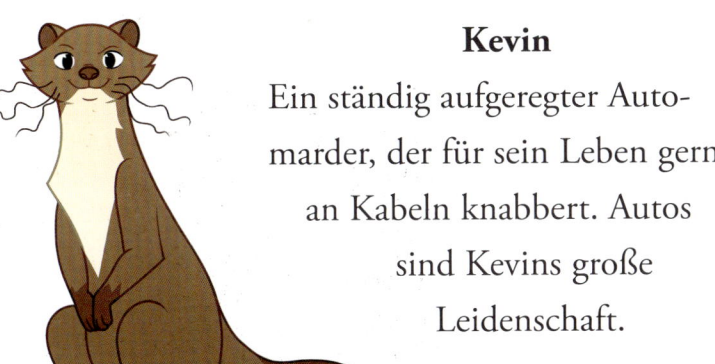

Kevin

Ein ständig aufgeregter Automarder, der für sein Leben gern
an Kabeln knabbert. Autos
sind Kevins große
Leidenschaft.

Inhalt

1

Ein Marder erscheint – die Geschichte beginnt

Es war heiß in Müggeldorf. Den ganzen Tag hatte die Sonne vom Himmel gebrannt, auf Straßen, Dächer und in durstige Gärten. Noch am späten Nachmittag zeigten die Thermometer über 30 Grad.

Törtel sauste über die heißen Platten des Bürgersteigs, denn an besonders heißen Tagen war er besonders schnell. Es war wirklich so, als machte ihm die Hitze Beine. Wenn Müggeldorfs Hunde hechelnd im Schatten lagen und die Wildschweine sich im Wäldchen eine kühlende Suhle suchten, kam Törtel erst so richtig in Fahrt.

»Eins-und-zwei und eins-und-zwei und eins-und-zwei.« Törtel kam mit dem Zählen seiner Schritte kaum nach.

Er mochte eine kleine, eher unbewegliche Schildkröte sein, aber an diesem brütend heißen Tag fühlte er sich schnell wie ein Pfeil.

Er fühlte sich wie eine Schwalbe, die durch den Himmel schoss.

Er fühlte sich wie ein Hecht, der durch den Müggelsee glitt.

Er fühlte sich wie ein Marder, der über eine gepflasterte Einfahrt huschte.

Mo-ment!

Törtel legte eine Vollbremsung hin. Gewissermaßen kam er mit quietschenden Füßen zum Stehen, und zwar genau vor Gerda Grubers Einfahrt.

Dort hockte niemand anders als Kevin, der Marder.

Der Anblick war durchaus sonderbar.

Eigentlich nämlich sah man Kevin sonst nicht.

Besser gesagt: Sonst sah man Kevin nur, wenn Kevin auch gesehen werden wollte. Wollte er es nicht, verschmolz sein braunes Fell mit der braunen Rinde der Bäume oder er fiel wie ein Schatten in Müggeldorfs Gärten ein. An diesem Nachmittag aber war alles ganz anders.

In Gerda Grubers Einfahrt war Kevin so sichtbar wie Hokuspokus, der Schwan, auf den blauen Wellen des Sees.

»Kevin?«

Der sonst so aufmerksame Marder hörte Törtel nicht.

»KEVIN?!«

»Oh.« Kevin wandte sich um. »Törtel …«

»Was machst du denn da, Kevin?«

Der Marder saß auf seinen Hinterläufen und reckte schnuppernd die kleine, schwarze Nase. »Hmmmm«, machte er genießerisch. »Riechst du das, Törtel?«

Törtel roch die Hitze auf den Zementplatten des Bürgersteigs.

Er roch die durstigen Blätter der Straßenbäume.

Roch er in Gerda Grubers Küche vielleicht sogar eine frisch zubereitete Limonade?

»Dieser Duft …«, schwärmte Kevin. »Gummi!«, rief er dann. »Heißes Blech! Und dieser Hauch von Benzin!« Kevin hatte sich wieder von Törtel ab-gewandt. Er starrte das Auto an, das im Schatten eines Carports in Gerda Grubers Einfahrt stand. Es war ein tomatenrotes Cabriolet.

Törtel ging ein Licht auf: Kevin wurde nicht umsonst der Automarder genannt. Kevin liebte die puckernde Wärme gerade erst abgestellter Motoren. Für sein Leben gern kroch er unter Motorhauben und nagte dort an Kabeln und Schläuchen. In warmen Mondscheinnächten machte er es sich manchmal auf schimmernden Autodächern bequem. Und dann und wann schlief er sogar unter den Dächern von Carports, um von seinem Lager aus die Aussicht auf ein besonders schmuckes Auto zu genießen.

Kevin fand Autos zum Anbeißen schön.

»Was für ein Prachtstück!«, rief er jetzt, tänzelte zu Gerda Grubers Sportwagen hinüber und umrundete ihn. »Hach, diese glitzernden Felgen! Hast du gesehen, wie breit diese Reifen sind?«, hörte Törtel ihn hinter dem Wagen rufen.

»Wahnsinn!«, rief Kevin. »Ein Auspuff so dick wie ein Baum!«

Der Marder kam von seiner Rundreise zurück. Er hockte sich wieder vor Gerda Grubers Auto und starrte bewundernd zum breiten Kühlergrill hinauf.

»Törtel, mein Lieber!«, sagte er. »Jetzt weißt du, wo ich die nächste Zeit zu finden bin!«

»Aber Kevin …« Törtel hatte dem Marder nicht ohne Sorge zugesehen. »Du kannst hier nicht einfach so bleiben! Hier gibt es ja weit und breit kein richtiges Versteck! Vergiss nicht«, fügte er dann mit einem Blick auf den Sportwagen hinzu, »Menschen können nicht teilen!«

»Kein Versteck?« Kevin huschte hinter einen der großen Blumenkübel gleich neben Gerda Grubers Haustür. »Kuckuck, Törtel!« Er lugte lustig hinter dem Blumenkübel hervor. »Ich bin quasi unsichtbar, Mann! Ich kann jederzeit verschwinden. Spurlos ver- schwinden…«

Selbstvergessen machte Kevin einen Haufen, und zwar ziemlich genau vor Gerda Grubers Tür.

Angewidert starrte Törtel auf das Häuflein Mar- derkot. Das Häuflein war kein bisschen unsichtbar. Zu seinem Leidwesen konnte Törtel es sogar riechen.

»Uiuiui!«, machte Kevin, allerdings nicht wegen des Haufens. Hinter Gerda Grubers Tür erklangen Schritte …

Kevin huschte unter den Sportwagen.

Törtel flüchtete sich hinter einen der Blumenkübel. An einem weniger heißen Tag wäre er nicht so schnell gewesen.

»Iiiih!«, kreischte Gerda Gruber, kaum dass sie aus ihrer Tür getreten war.

Sie hatte den Marderhaufen gefunden.

Gerda Gruber fuhr nicht nur ein schnelles Auto, sie war auch eine Frau schneller Entscheidungen. Besonders schätzte sie es, wenn Menschen sich schnell dazu entschlossen, ihr ein überteuertes Haus abzukaufen, denn von Beruf war Gerda Gruber Maklerin.

Jetzt stand sie in ihren teuren Kleidern vor ihrem teuren Haus, vor dem ein teurer Sportwagen parkte, und sah sich gezwungen, Eimer und Kehrblech zu holen. Gab es ein Problem, dann löste sie es schnell.

»E-kel-haft!«, schimpfte sie, während sie Kevins Haufen entfernte. »Marderscheiße! Na warte!«

Das klang, fand Törtel hinter seinem Kübel, als hätte sie Kevin soeben den Krieg erklärt.

Er sah Gerda Gruber zu, wie sie auf ein Rundbeet in ihrem Garten zustakste und dort einer Lavendelpflanze kurzerhand den lilafarbenen Kopf abriss. Mit den Blüten in der Hand kehrte sie zurück – und ging schnurstracks zu ihrem Auto.

»Nimm das, du Kabelfresser!«, sagte sie und legte den Lavendel unter den Kühlergrill. Marder hassten den Geruch von Lavendel.

Aber wo steckte Kevin? Er hatte sich unsichtbar gemacht.

»Wenn du mich vollstinkst, dann stinke ich dich auch voll«, sagte Gerda Gruber und davon.

Was für ein unwahrscheinliches Glück, dachte Törtel, dass sie nicht das Auto genommen hatte.

»Ist die Luft wieder rein?« Kaum dass Gerda Gruber verschwunden war, kam Kevin unter dem Wagen hervorgekrochen. »Oh! Uh! Nein, ist sie nicht!« Er starrte auf den Lavendel und zog angewidert die Nase raus. »Warum macht sie das, Törtel?« Er klang ehrlich enttäuscht.

»Um dich loszuwerden, Kevin?« Törtel krabbelte

hinter dem Kübel hervor. Er hatte das ungute Gefühl, dass Kevin so wenig ans Aufgeben dachte wie Gerda Gruber, seine neue Gegnerin.

»Uh! Ah! Könntest du das bitte entfernen?« Kevin wedelte mit der Pfote, als ließe sich der Lavendel so verscheuchen.

Törtel fügte sich und schleppte den Zweig zur Seite. »Kevin«, sagte er dann. »Das ist keine gute Idee. Du kannst hier nicht bleiben. Sie hat dich schon auf dem Kieker.« Törtel sprach von Gerda Gruber.

»Aber ich mache doch gar nichts«, entrüstete sich Kevin. Er hatte sich an einen der Pfeiler des Carports gelehnt und betrachtete Gerda Grubers Sportwagen mit gierigen Blicken.

»Du wirst wieder unter die Motorhaube klettern ...«, sagte Törtel.

»Nicht doch!«, unterbrach ihn Kevin.

» ... und wieder an den Kabeln nagen«, sagte Törtel.

»Nein, nein!«, versicherte Kevin. »Diesmal beherrsche ich mich.«

»Du hast dich doch noch nie beherrscht«, sagte Törtel.

»Diesmal schon!«, sagte Kevin, schmachtete das Auto an und sprang – schwupps! – auf die tomatenrote Motorhaube. »Mmmmmhhh!«, machte er und sog den Duft von warmem Blech, warmem Glas und niegelnagelneuem Scheibenwischergummi ein. Dann kraxelte er aufs Autodach und linste kopfüber durch die Windschutzscheibe ins Auto.

»Oh, schau mal, Törtel! Da baumelt ein Duftbaum vom Rückspiegel! Aber es ist gar kein Baum. Das Ding sieht aus wie eine Schildkröte!

Es ist eine Duftschildkröte!«

»So?«, sagte Törtel matt und ohne großes Interesse. Was immer er zu sagen hatte, es kümmerte Kevin ja leider nicht.

»Uiuiui«, rief Kevin begeistert. »Stell dir mal vor! Da drinnen riecht es jetzt doppelt gut!«

»KEVIN!«, sagte Törtel streng. Wollte der Marder das Auto auch noch aufbrechen?

Kevin hüpfte jetzt auf dem Faltdach des Cabriolets herum. »Oh, das ist so weich hier oben!«, rief er und warf sich aufs Dach, als wäre es eine Matratze.

Das war zu viel.

NJAU-NJAU-NJAU! Die Alarmanlage des Autos sprang an!

Zum Glück ging sie gleich wieder aus, denn Kevin blieb mucksmäuschenstill liegen.

»Uiuiui«, sagte er, aber sein Schrecken war schon verflogen. »Keine Panik«, sagte er zu Törtel, der sehr wohl in Panik war.

Quietschvergnügt rodelte Kevin die Windschutzscheibe herunter. »Das bisschen Alarm hat niemand gehört«, sagte er. »Das war ja ganz leise. Dieses Kätzchen«, Kevin streichelte die Motorhaube, »hat nur ein bisschen geschnurrt.«

Geschnurrt? Eher hatte das Auto aufgejault, fand Törtel, so als wäre man ihm auf den Schwanz getreten. Und auch wenn Törtel das noch nicht wusste: Hermann Lüttkewitz, Gerda Grubers übellauniger Nachbar, hatte den Alarm sehr wohl gehört.

2

Eine Hundetüte kommt zum Einsatz – ein Mardergitter auch

»Hundescheiße«, sagte Anna Budak und nickte ernst. »In solchen Fällen empfehle ich Hundescheiße. Unschlagbar.« Anna Budak war Tierärztin und betrieb eine Tierarztpraxis in Müggeldorf. Gerda Gruber war ihr auf dem Rückweg vom Supermarkt begegnet und hatte ihr soeben von ihrem Marder-Problem erzählt. Anna Budak führte gerade Anton, ihren Labrador, spazieren.

»Hundescheiße? Nicht Ihr Ernst!«, sagte Gerda Gruber, die Papiertüte vom Bäcker im Arm.

»Oh doch! Wir hatten auch einen Marder im Garten«, sagte Anna Budak. »Hat unsere Garage belagert. Aber dann …« Sie zeigte auf Anton, den Labrador.

»Was Sie nicht sagen!« Gerda Gruber beugte sich zu Anton hinab und tätschelte ihn. »Du hast nicht zufällig ein Geschäft zu verrichten, mein Süßer?« Und dann sagte sie an Anna Budak gewandt: »Und Sie haben nicht zufällig eine dieser … äh … Hundetüten dabei?«

Kurz darauf kam Gerda Gruber nicht mit einer, sondern mit zwei Tüten vom Einkauf zurück. In der einen, der großen, war duftendes Brot fürs Abendessen. In der anderen, kleinen, war etwas, dessen Gestank Törtel den Atem raubte.

Törtel krabbelte über Gerda Grubers Einfahrt. Er wollte gerade gehen. Gerda Gruber wäre beinahe auf ihn getreten.

»Ja, lebe ich denn hier in einem Zoo?« Sie rauschte an Törtel vorbei auf ihren Sportwagen zu. Zum Glück hatte sich Kevin mal wieder unsichtbar gemacht.

Gerda Gruber kniete sich vor den Kühlergrill.

»Wo ist denn der Lavendel hin? Na, egal. Das hier riecht noch besser, du Kabelfresser!« Mit spitzen Fingern leerte sie den Hundebeutel aus.

»Frau Gruber!« Hermann Lüttkewitz, ihr Nachbar, erschien.

Der alte Mann lief an Törtel vorbei, ohne ihn zu beachten. Schildkröten waren dem Griesgram heute egal. »Ich habe ein ernstes Wörtchen mit Ihnen zu reden, Frau Nachbarin!«, rief Lüttkewitz.

»Ach ja?« Gerda Gruber stemmte die Hände in die Hüften. Sie hatte ein ausgesprochen nachbarschaftliches Verhältnis zu Lüttkewitz: Sie mochte ihn nicht.

»In. Der. Tat«, sagte Lüttkewitz wichtig. »Ich habe nämlich gerade mit meinem Feldstecher Ihren Garten beobachtet.«

»Sie haben WAS?« Vor lauter Zorn wurde Gerda Gruber ganz blass um die Nase.

»Jawohl!«, rief Lüttkewitz stolz. Offenbar war er sich keines Unrechts bewusst. »Und dabei habe ich einen MARDER gesehen. Auf Ihrem Auto!«

»So!« Jetzt war Gerda Gruber doppelt wütend. Auf ihren unverschämten Nachbarn, der mit einem

Fernglas in ihren Garten schielte. Und auf den unverschämten Marder, der auf ihrem Auto herumturnte. Da hatte der schreckliche Lüttkewitz den kleinen Zerstörer also auf frischer Tat ertappt!

»Ich muss Sie davon in Kenntnis setzen«, sagte Lüttkewitz, »dass es Ihre Pflicht ist, dieses Ungeziefer zu entfernen, bevor es sich auch noch über mein Eigentum hermacht!« Er wies auf seinen Garten nebenan. »Ich empfehle härtestes, ALLERHÄRTESTES Durchgreifen. Ich sage das nur für den Fall, dass Sie ein Tierfreund sind!« Tierfreund sagte er, als würde ihn das bloße Wort schon ekeln.

»Sie haben mir überhaupt nichts zu empfehlen«, schnaubte Gerda Gruber. »Und in Marder-Bekämpfung habe ich Ihnen einiges voraus, Herr Lüttkewitz! Sie machen sich ja keine Vorstellung, wie viele zum Verkauf stehende Häuser ich schon GEREINIGT habe. Ich habe nicht nur gegen MARDER, ich habe auch schon gegen WASCHBÄREN gekämpft, Herr Lüttkewitz. Und jedes Mal gewonnen! Sie haben ja keine Ahnung, wie viele Tricks ich im Ärmel habe. In einem davon stehen Sie übrigens gerade drin.«

»Was?« Hermann Lüttkewitz sah an sich herab. Er war soeben in den sorgfältig ausgelegten Hundehaufen getreten.

»Würden Sie jetzt bitte meine Einfahrt verlassen, Herr Nachbar?«, sagte Gerda Gruber. »Sie sehen ja, dass Sie meine Maßnahmen stören.«

»Maßnahmen? Maßnahmen nennen Sie das?« Lüttkewitz sah wutentbrannt auf seinen verdreckten Schuh. »Ich erwarte mehr von Ihnen, Frau Gruber. Vernünftige Maßnahmen erwarte ich! Harte Maßnahmen! HÄRTESTE Maßnahmen! Und wenn Sie die nicht bald ergreifen, dann tue ich's!« Und damit machte er auf dem verschmierten Absatz kehrt.

Gerda Gruber fluchte leise und schlug die Haustür hinter sich zu. Für einen Augenblick kehrte Ruhe in die umkämpfte Einfahrt ein.

»Das ist die Gelegenheit«, sagte Törtel zu Kevin. Die beiden hockten unter dem Sportwagen. »Du solltest jetzt verschwinden. Bevor alles noch schlimmer wird.«

»Pah! Wieso das denn?« Kevins Blick glitt über den Unterboden des Autos. Der Geruch nach Öl und Benzin war überwältigend. Törtel wurde ein bisschen schummerig davon. »Das Beste kommt doch noch!«, sagte Kevin. Er robbte ein Stück weiter nach vorn und schielte in den Motorraum. Da oben waren jede Menge Schläuche und Kabel. Es sah aus, als liefe Kevin das Wasser im Maul zusammen.

»Du meinst wohl: Das Schlimmste kommt noch!«, seufzte Törtel, denn gerade kehrte Gerda Gruber in die belagerte Einfahrt zurück. Sie war, wie es aussah, bewaffnet.

Einstweilen allerdings konnte Törtel nur den Schatten ihrer Waffe sehen: Was Gerda Gruber da anschleppte, war groß und eckig, und Törtel bekam Angst. Leise, beinahe tonlos, begann er zu zählen. Musste er sich beruhigen, machte er das immer so.

»Eins. Zwei. Drei«, zählte Törtel, derweil Gerda Gruber immer näherkam.

»So, Freundchen«, hörte er sie sagen. »Jetzt rolle ich dir einen ganz besonderen Teppich aus.«

Teppich?, dachte Törtel.

Tatsächlich wurden im McGrün, dem großen Baumarkt ganz in der Nähe, Marderteppiche verkauft. Sie waren aus Draht, hießen »Marderfurcht« oder »Marderschreck« und wurden in Carports oder Garagen ausgelegt, denn Marder liefen nur ungern über Draht. Gerda Gruber aber hatte etwas noch Besseres in ihrem Keller gelagert: Es war ein Mardergitter mit festem Rahmen, punktverschweißt, verzinkt und ganz besonders teuer. Zum Schutz ihres Autos war Gerda Gruber das Beste gerade gut genug.

»Uiuiui!«, raunte Kevin und flüchtete sich mit einem Sprung nach oben in den Motorraum.

Gerda Gruber schob das Mardergitter unter den Wagen – genau vor Törtels Füße.

»Ha!«, rief sie, hörbar zufrieden mit ihrem Werk. »Was sagen deine Pfoten dazu, du Kabelkauer?«

»He, Törtel?«, flüsterte der unsichtbare Kevin im Motorraum. »Meinst du, du könntest das Gitter ein wenig zur Seite schieben? Ich würde wirklich nur ungern drauftreten.«

»Verschwindest du dann?«, fragte Törtel zurück. »Lässt du das Auto dann in Ruhe?«

Eine Weile kam keine Antwort aus dem Motorraum. Dann flüsterte Kevin. »Ich denke drüber nach, ja?«

»Ernsthaft?«, sagte Törtel. »Du denkst ernsthaft darüber nach?« Er fragte sich, wo Gerda Gruber gerade steckte. Sie war nicht mehr zu hören und auch ihr Schatten war nicht mehr zu sehen.

»Ich denke ernsthaft drüber nach, versprochen«, flüsterte Kevin.

Törtel ließ sich erweichen. Er verschob das Gitter, so gut es ging.

Kevin plumpste aus dem Motorraum. Er landete auf allen vieren. »Herrlich! Danke!«, raunte er.

»Und jetzt?«, sagte Törtel mit strengem Unterton.

»Okay, okay, ich geh ja schon …« Kevin warf einen letzten, schmachtenden Blick zum öligen Unterboden des Autos hinauf und krabbelte dann unter ihm hervor.

Leider hatten weder er noch Törtel mit Gerda Grubers List gerechnet. Sie lauerte Kevin hinter dem Auto auf. Und sie hatte im McGrün nicht nur das Mardergitter, sondern noch ein Folterwerkzeug gekauft: Marderspray!

Kaum dass Kevin unter dem Auto auftauchte, richtete Gerda Gruber die Sprühflasche auf ihn.

»Da bist du ja, du kleines Monster!«, rief sie und drückte ab.

Kevin fand sich in einem stinkenden Sprühregen wieder.

»Uiuiui!«, kiekste er und trat die Flucht an.

Leider wurde er von Gerda Gruber und der Stinkewolke verfolgt.

PSCHSCHT, PSCHSCHT, PSCHSCHT, machte die Sprühflasche.

»Weg mit dir, weg, weg, weg!«, rief Gerda Gruber.

»Uiuiui!«, jammerte Kevin und zischte an einem Rechen vorbei, der an einem der Carportpfeiler lehnte.

Das heißt: Er zischte nur beinahe an dem Rechen vorbei. Genau genommen streifte er ihn ein wenig.

Der Rechen schwankte.

Der Rechen kippte.

Sein hölzerner Stil traf Gerda Gruber.

Es war ein perfekter Nasenstüber. Kevins schwer getroffene Verfolgerin taumelte zurück.

»Au! Aua! Verdammt noch mal!« Gerda Gruber lehnte sich an den umkämpften Sportwagen und hielt sich die schmerzende Nase.

»Neun. Zehn. Elf«, zählte Törtel unter dem Auto. Jetzt hatte Kevin alles nur noch schlimmer gemacht.

3

Erst kommt der Wasserwerfer – dann kommen die Waschbären

Törtel krabbelte über Gerda Grubers Rasen. Er hatte Kevins Versteck entdeckt. Kevin hatte sich in eines der Beete geflüchtet. Törtel fand ihn im Dickicht der Pflanzen. Das, fand er, war schon mal eine Verbesserung. Je weiter sich der Marder von Gerda Grubers Auto entfernte, desto besser. Jeder Meter war ein Gewinn.

»Sie ist ein ganz schön harter Brocken«, sagte Kevin zur Begrüßung.

Du bist ein ganz schön harter Brocken, wollte Törtel entgegnen, aber da kehrte Gerda Gruber schon zurück. Der Schmerz in ihrer Nase war offenbar abgeklungen. Sie hatte das nächste Folterwerkzeug hergeschafft.

Törtel erkannte einen Gartenschlauch.

Und eine Art Rasensprenger.

»Aha!«, hörte er Kevin murmeln. »Jetzt kommt sie mit dem Wasserwerfer! Na schön …« Törtel kannte sich aus: Er hatte den batteriebetriebenen, mit einem Bewegungsmelder versehenen Tiervertreiber Marke Wildschreck erkannt. Auch den gab es im McGrün zu kaufen.

Gerda Gruber schloss den Gartenschlauch an. Sie stellte den Tiervertreiber Marke Wildschreck in die Einfahrt und rieb sich zufrieden die Hände. Dann verschwand sie wieder im Haus.

In Törtels Rücken raschelte es.

Noch bevor sich Törtel erschrecken konnte, erkannte er Asta, Stine und Cally, die Waschbärenschwestern. Sie kamen aus Hermann Lüttkewitz' Garten. Dort hatten sie den Pflaumenbaum geplündert. Jetzt hockten sie auf einmal neben Törtel und Kevin in Gerda Grubers zugewuchertem Beet.

»Oh, was ist das denn Hübsches?«, fragte Stine. Sie meinte den batteriebetriebenen Wildschreck in der Einfahrt. An seiner Spitze leuchtete nun ein kleines, rotes Licht.

»Das wollen wir lieber gar nicht wissen …«, sagte Kevin.

Leider sah Stine das ganz anders. Mit einem entschlossenen Hüpfer verließ sie das Beet und überhörte Kevins Warnung. Fröhlich lief sie auf den lauernden Tiervertreiber zu. Dann hatte das gemeine rote Auge des Wildschrecks sie erfasst.

Das grässliche Ding feuerte einen harten, kalten Wasserstrahl ab.

Der Wasserstrahl holte Stine von den Füßen. Er warf sie regelrecht um.

Aber: Es war ein sehr heißer Tag – ein bisschen Erfrischung konnte nicht schaden. Außerdem: Stine war Balgereien gewohnt – sie hatte ja zwei Schwestern.

»Juchhuuh!«, rief sie also, kaum dass der Wildschreck das Wasserfeuer eingestellt hatte und sie pudelnass wieder auf die Beine kam. »Asta! Cally! Das müsst ihr auch ausprobieren!«

Gleich darauf hatte der Wildschreck jede Menge zu tun. Er schoss wild um sich, so wie es Asta und Stine und Cally gefiel. In Gerda Grubers Einfahrt klang es plötzlich wie auf der Wasserbahn eines Vergnügungsparks: Es rauschte und die Mitfahrer jauchzten.

»Psst! Psst! Psst!« Aus dem sicheren Versteck im Beet mischte sich Törtel ein. »Ihr müsst still sein, Leute. Sonst gibt es Menschenärger.«

Asta, Stine und Cally waren nass und erfrischt genug. Ganz gegen ihre sonstige Gewohnheit hörten sie diesmal auf Kevin.

Jetzt, wo der Tiervertreiber Ruhe gab, wagten sich auch Kevin und Törtel hervor. Sorgsam mieden sie das rote Licht.

Der Wildschreck starrte ins Leere.

»Ich hätte da noch eine Idee, wie man sich mit diesem Ding vergnügen kann«, sagte Kevin. Mit Pfoten und Schnauze und ein bisschen Hilfe von Törtel drehte er den Wildschreck um. Jetzt schaute das glühend rote Auge aus der Einfahrt auf die Straße. Törtel war gar nicht wohl dabei.

Er sehnte sich nach seiner Freundin Wendy, der vernünftigen Füchsin.

Er sehnte sich nach Hokuspokus, dem anständigen Schwan.

Leider war er mit den übermütigen Waschbären-schwestern hier und mit Kevin, der wegen eines tomatenroten Cabrios leider den Verstand verloren hatte.

»Das ist gar keine gute Idee«, sagte Törtel, aber da war es leider schon zu spät.

Sascha Bommel, der Reporter des Müggelseeboten, kam die Straße entlang.

Und leider hatte der in der Einfahrt lauernde Wild-schreck Sascha Bommel schon erspäht.

»AAAARGHH! OH! HIIILFE!«

Der Tiervertreiber hatte einen Volltreffer gelandet. Der erste Strahl durchnässte Sascha Bommels Hemd. Und weil Sascha Bommel nicht gleich begriff, was hier eigentlich vor sich ging, traf ihn auch gleich noch eine zweite Fontäne. Erst dann trat Bommel einen Schritt zur Seite. Der Wildschreck ließ gnädig von ihm ab. Sascha Bommel stand triefend und tropfend auf dem Bürgersteig.

Die Waschbärenschwestern keckerten.

Törtel zählte vor lauter Sorge. Das konnte nicht gutgehen, dachte er.

»Was ist denn hier los?« Sascha Bommels Schreckenslaute hatte Hermann Lüttkewitz angelockt.

Der alte Griesgram trat zum pudelnassen Sascha Bommel. Der Wildschreck warf sein rotes Auge auf ihn. Törtel konnte gar nicht hinsehen.

Er hörte das Wasser wieder pfeifen und rauschen.

Er hörte Hermann Lüttkewitz aus vollem Hals brüllen.

Als Törtel die Augen wieder aufmachte, war auch Hermann Lüttkewitz durchweicht. Das Wasser tropfte ihm sogar von der Glatze.

Lüttkewitz brüllte noch immer wie am Spieß.

»Schnell«, rief Törtel. »Wir müssen weg hier, bevor …«

Plötzlich fingen alle an zu rennen. Kevin, Asta, Stine flitzten auf den Carport zu – Törtel konnte von Glück sagen, dass Cally ihm half.

Obwohl …

Nein …

Es war kein Glück, dass Cally ihn die Leiter rauf-schaffte. Die Leiter unters Carportdach …

An sich war das Versteck natürlich nicht schlecht.

Nur leider lag es in schwindelerregender Höhe!

Törtel fand sich auf nicht mehr als einem Brett wieder, über sich das Spitzdach des Carports und tief, tief unter sich Gerda Grubers tomatenrotes Cabriolet!

4

Tag zwei in Gerda Grubers Einfahrt – die Lage spitzt sich zu

Als die Sonne sank, hockten Törtel, Kevin und die Waschbärenschwestern noch immer unter dem Carportdach. Dort waren sie Zeugen eines erbitterten Nachbarschaftsstreits geworden. Der triefnasse Hermann Lüttkewitz war nämlich mächtig sauer auf

Gerda Gruber. Er dachte gar nicht daran, ihr den Angriff des Wildschrecks zu verzeihen. Der durchnässte Hermann Lüttkewitz war fluchend und schimpfend abgezogen. Er hatte auch – Törtel lauschte da voller Sorge – »diesem verdammten Marder« gedroht, mit dem Gera Gruber alleine offenbar »nicht fertig« werde.

Sascha Bommel hatte hingegen nicht über den Wildschreck geschimpft.

Er war nicht weniger nass als Lüttkewitz geworden, aber er war Reporter von Beruf. Wo andere Ärger witterten, witterte er eine Geschichte für die Zeitung. Also versprach er Gerda Gruber, am nächsten Tag seine Wildtierkamera mitzubringen. Die Kamera würde aufzeichnen, was in der Einfahrt wirklich geschah, und zwar auch dann, wenn kein Mensch zusah.

Danach war in Gerda Grubers Einfahrt erst einmal nichts mehr geschehen, denn Törtel, Kevin, Asta, Stine und Cally saßen ja in ihrem luftigen Versteck. Von dort oben sahen sie den Schatten beim Längerwerden zu. Das heißt: Der Marder und die Waschbärenschwestern sahen zu. Törtel hielt die Augen meist geschlossen und zählte gegen die Höhenangst.

Er zählte, als Kevin unter dem Carportdach ein großes Tuch entdeckte, das nach Autopolitur roch und an dem er genießerisch schnupperte.

Törtel zählte, als Kevin beschloss, »für immer« in diesem Carport zu bleiben.

Und er zählte auch noch, als bereits die Nacht hereingebrochen war und Kevin und Asta und Stine und Cally selig schliefen.

»Zweitausendzweihundertzweiundzwanzig. Zwei-
tausendzweihundertdreiundzwanzig«, zählte Törtel und
endlich, kurz bevor er »Zweitausendzweihundertvier-
undzwanzig« flüstern konnte, schlief er endlich auch
selber ein.

Gegen Probleme, die man nicht lösen kann, hilft
Schlaf nicht selten am besten.

Leider begann auch der nächste Tag mit Gerda Gruber.
Törtel erwachte zum Klingelton ihres Handys. Gerda
Gruber war soeben aus ihrer Haustür getreten. Aus
Kevins neuem Zuhause sah Törtel auf sie herab.

Wollte sie gerade mit dem Auto wegfahren? Törtel
wäre das Auto rasend gerne losgeworden.

Aber Gerda Gruber kramte nach ihrem klingelnden
Telefon.

Dabei ließ sie den Autoschlüssel fallen.

Unbemerkt blieb der Schlüssel in der Einfahrt liegen.

Gerda Gruber flötete unterdessen in ihr Telefon.
»Aber natürlich, liebe Frau Schmidt! Natürlich möchte
ich Ihr Haus verkaufen!«, sagte sie. Und schon war sie
wieder in ihrem eigenen Haus verschwunden.

Kevin starrte verzückt auf den verlorenen Autoschlüssel.

»Denk nicht mal daran!«, zischte Törtel, als unter ihnen schon der nächste Besucher erschien. In der Einfahrt ging es an diesem frühen Morgen zu wie in einem Taubenschlag.

»Hallo?«, rief Sascha Bommel, der Reporter des Müggelseeboten. »Ist jemand zuhause?«

Von Gerda Gruber drinnen kam kein Ton. Offenbar sprach sie noch immer am Telefon.

Sascha Bommel holte die mitgebrachte Wildtierkamera hervor und brachte sie kurzerhand an einem Pfeiler des Carports an. »Mal gucken«, murmelte er vor sich hin, »wer nachher so alles auf den Fotos zu sehen ist.« Und damit ging er seiner Wege.

Törtel, Kevin und die Waschbärenschwestern blieben allein zurück. Genauer: Törtel, Kevin und die Waschbärenschwestern blieben allein mit dem verlorenen Autoschlüssel zurück.

Da lag er: mitten in der Einfahrt. Und jeder Einwand, den Törtel hätte vorbringen können, kam zu spät.

Husch, husch, husch, waren der Marder und die Waschbären schon die schmale Leiter hinuntergeklettert. Törtel, der mit Leitern nichts anfangen

konnte, blieb allein unter dem Carportdach zurück. Er konnte kaum zusehen. Es war grässlich! Und es wurde von Minute zu Minute schlimmer.

Erst fummelte Stine neugierig an Sascha Bommels Wildtierkamera herum.

Dann hatte Kevin den Autoschlüssel in den Pfoten.

Dann machten die Autotüren KLACK, wobei auch noch die Blinker von Gerda Grubers Sportwagen blinkten.

Stine, von Bommels Kamera schon lange gelangweilt, baumelte da gerade zufällig am Griff der Fahrertür. Und siehe da: Auf einmal schwang die Fahrertür auf.

Das Auto war offen! Törtel sah es mit Entsetzen. Asta, Stine und Cally sprangen in den Wagen.

»He!«, rief Törtel von oben. Was er sonst noch sagte, ging in lauter Musik unter. Offenbar hatten die Waschbären das Autoradio aufgedreht.

»DOCH DANN IST ES ZU SPÄT! ZU SPÄT!«, sang jemand im Radio.

Törtel war enorm erleichtert, als die Musik wieder ausging. Leider konnte er die Waschbären durch die Windschutzscheibe weiter im Wagen herumturnen sehen. Er hätte gern gezählt, um einen guten Ausgang der Sache zu beschwören, aber das Schauspiel verschlug ihm die Sprache:

Cally hatte eine Bonbondose gefunden und lutschte Drops.

Asta riss die Duftschildkröte vom Rückspiegel.

Stine turnte auf dem Lenkrad herum.

Cally stülpte sich Gerda Grubers Sonnenbrille über.

Stine schaltete aus Versehen die Scheibenwischer ein.

Kevin, der gerade auf die Motorhaube geklettert war, flüchtete sich vor den plötzlich wie wild wischenden Wischern auf das Cabriodach. Andernfalls hätten sie ihn weggewischt.

Und dann, als Törtel schon dachte, schlimmer könne es nicht mehr kommen, hörte er plötzlich so etwas wie Kriegsgebrüll.

Das Kriegsgebrüll kam aus dem Mund von Hermann Lüttkewitz.

Hermann Lüttkewitz wiederum kam über die Einfahrt gerannt. »Gesindel! Ungeziefer!«, schrie er.

Wütend stürzte er auf Gerda Grubers Auto zu.

Und dabei schwang er einen langen Rechen.

5

Gerda Grubers Auto nimmt Schaden –
Törtel fasst sich ein Herz

»Achtung, Kevin, hinter dir!« Törtel rief, so laut er konnte.

Seinen Rechen schwingend lief Lüttkewitz auf den Marder zu.

Kevin, noch immer auf dem Autodach, fuhr herum.

»Uiuiui!«, rief er.

Lüttkewitz schwang den Rechen wie eine Axt.

»Eis, zwei, drei, vier«, zählte Törtel, rasend schnell.

Der Rechen sauste hinab.

Kevin sprang gerade noch zur Seite.

Der Rechen traf das Cabriodach.

»Na warte!«, brüllte Hermann Lütt-kewitz und holte aufs Neue aus.

»Fünf, sechs, sieben«, zählte Törtel.

Kevin tanzte über das Autodach und Lüttkewitz schlug mit dem Rechen den Takt.

Im vergeblichen Versuch, den Marder zu treffen, hieb er wieder und wieder auf Gerda Grubers Sportwagen ein.

Dem schicken Stoffdach des Cabrios tat das gar nicht gut. Törtel hörte, wie es riss. Plötzlich klaffte ein großes Loch im Dach des Sportwagens. Durch das Loch flüchteten die Waschbärenschwestern.

Dann rettete sich auch Kevin mit einem gewaltigen Satz.

Zurück blieben Hermann Lüttkewitz, sein Rechen und Gerda Grubers jaulendes Auto.

NJAU-NJAU-NJAU, machte die Autoalarmanlage und brachte den tobenden Lüttkewitz endlich zur Besinnung. Erschrocken starrte der alte Wüterich auf das klaffende Loch im Dach. Dann schielte er zu Gerda Grubers Haustür hinüber. Und schließlich fiel sein Blick auf den Autoschlüssel, der noch immer in der Einfahrt lag.

Törtel war Zeuge, aber was nützte das?

Hilflos sah er zu, wie Lüttkewitz sich nach dem Schlüssel bückte und darauf drückte.

Der Autoalarm erstarb. Lüttkewitz verschwand fast so schnell aus der Einfahrt, wie er dort aufgetaucht war.

Törtel zählte dennoch weiter. Jetzt machte ihm das Loch im Auto Angst. Jetzt, dachte er, würde es noch mehr Ärger geben.

Törtel sah aus dem Augenwinkel, wie sich Kevin unter die Motorhaube zurückzog.

»OH NEIN!« Gerda Gruber war kaum aus dem Haus gelaufen, da hatte sie den Schaden schon bemerkt. Sie rang ihre Hände. Sie riss die Augen auf. Fassungslos starrte sie auf das Loch im Dach ihres schönen, teuren Autos.

»OH NEIN!«, rief sie noch einmal, aber diesmal klang sie schon weniger entsetzt, fand Törtel. Diesmal klang sie richtig wütend.

»Frau Gruber! Frau Gruber!«, rief Hermann Lüttkewitz.

Da war er schon wieder, dieser Wüterich – ohne Rechen und ohne Geschrei. Tatsächlich klang Lüttkewitz verdächtig freundlich. »Frau Nachbarin«, sagte er und baute sich vor Gerda Gruber auf, »ich habe von meinem Garten aus alles gesehen! Es waren die verdammten Tiere! Sie sind mit Steinen auf Ihr Auto losgegangen! Der Marder! Die Waschbären!
Es war fürchterlich mit anzusehen! Ihr herrlicher Wagen!« Scheinbar betroffen begutachtete er das Loch im Dach.

Törtel konnte es kaum fassen: Was für ein dreister Lügner der alte Kerl war! Er war es doch gewesen, der das Loch ins Dach gehackt hatte!

»Sie haben dabei ZUGESEHEN?«, kreischte Gerda Gruber.

»Ich komme zu spät, ich weiß. Es tut mir leid! Aber …« Hermann Lüttkewitz hob den Zeigefinger. »Ich bin bereit, Ihnen beizustehen. Wir werden diese Plage zusammen bekämpfen. Ich habe bessere Waffen als Sie!« Er beugte sich verschwörerisch zu ihr hinüber.

»Ach ja?« Gerda Gruber klang nicht überzeugt.

»Oh ja!«, rief Hermann Lüttkewitz. »Geben Sie mir einen Moment. Ich gehe meine Sachen holen! Diese Viecher werden Augen machen!«

»Kevin?«, raunte Törtel, hoch oben in seinem einsamen Versteck.

Kevin antwortete nicht. Vermutlich hatte er es sich unter der Motorhaube bequem gemacht. Asta, Stine und Cally waren auch nirgends zu entdecken.

Was, dachte Törtel, sollte er jetzt tun?

Er sah zu, wie Lüttkewitz seine Waffen holen ging.

Er hörte Gerda Gruber telefonieren. Erst sprach sie mit der Autowerkstatt, dann sprach sie mit Frau Schmidt, deren Haus sie ja verkaufen wollte.

»Frau Schmidt«, sagte Gerda Gruber in ihr Handy. »Erwähnten Sie eben nicht eine leerstehende Garage? – Könnte ich zufällig meinen Wagen dort zwischenparken? – Ja, ein Notfall. – Ich warte auf einen Werkstatttermin …«

Hermann Lüttkewitz kehrte zurück.

Törtel konnte kaum hinsehen: Lüttkewitz brachte eine Falle aus Draht, ein Netz und etwas noch viel Schlimmeres mit: Lüttkewitz hatte sich nämlich eine Flasche auf den Rücken geschnallt. Aus der Flasche wiederum ragte ein Schlauch, der in einer Spritze auslief. Lüttkewitz, begriff Törtel, wollte Gift versprühen!

Unwillkürlich fing Törtel zu zählen an.

»Sind Sie einverstanden, wenn ich zuerst den Carport einsprühe?«, fragte Lüttkewitz. »Diese Viecher sind wie Unkraut … Sie wuchern in den Ritzen.«

Gerda Gruber zuckte bloß mit den Schultern.

»Machen Sie, was Sie wollen. Ich bringe erstmal den Wagen in Sicherheit.«

Lüttkewitz linste zum Carportdach hinauf.

»Da oben fange ich an«, hörte Törtel ihn murmeln. Der Alte ging schon auf die Leiter zu! Gleich würde er sein Gift unter dem Carportdach verspritzen …

Panisch sah Törtel sich um. Er hockte auf einem schmalen Brett, unter sich das Autodach mit seinem klaffenden Loch.

Hatte er sich nicht erst gestern wie eine Schwalbe gefühlt, die durch den Himmel schoss? Fiel nicht auch seinem Freund Hokuspokus, dem Schwan, das Landen manchmal schwer? Landete Hokuspokus nicht dennoch unverdrossen? Konnte er, Törtel, die Landschildkröte, sich vielleicht einfach auf das Stoffdach fallen lassen?

Hermann Lüttkewitz erklomm schon die Leiter.

Gerda Gruber klemmte sich gerade hinter das Lenkrad ihres Wagens.

Törtel wagte sich einen winzigen, bloß einen winzigen Schritt vor. Leider verfing er sich dabei in dem Poliertuch, an dem Kevin am Abend zuvor so begeistert geschnüffelt hatte!

Und im nächsten Moment schwebte Törtel.
Nicht wie Hokuspokus. Auch nicht wie eine Schwalbe.
Er schwebte wie eine griechische Landschildkröte, die
am Fallschirm eines Poliertuchs hing.

»Ooooooh!«, machte Törtel, während er

auf das tomatenrote Cabriolet zutrudelte.

BRMMMMMM!, machte das tomatenrote Cabriolet, weil Gerda Gruber gerade den Motor anließ.

Törtel war kaum auf dem Dach gelandet, da fuhr der Wagen schon los!

6

Kevin erreicht das Ziel seiner Träume – Törtel will am liebsten weg

Wie hatte es so weit kommen können? War Törtel nicht erst gestern ahnungslos und auf seinen eigenen vier kurzen Beinen über die sonnenwarmen Platten des Bürgersteigs geflitzt? War da die Welt nicht noch in Ordnung gewesen? Damals hatte Törtel an Schwalben und die flinken Fische im Müggelsee gedacht – und keine Ahnung gehabt, was ihm bevorstand. Wahrlich, seitdem hatte er Schreckliches erlebt!

In böswilliger Absicht ausgelegte Hundehaufen zum Beispiel.

Tiervertreiber der Marke Wildschreck zum Beispiel.

Mardergitter aus scharfem Draht zum Beispiel.

Marderspray zum Beispiel.

Unkrautvernichter zum Beispiel.

Und jetzt die rasende Fahrt auf dem Dach eines tomatenroten Cabriolets!

Oh, dies war die schrecklichste aller Schrecklichkeiten, die Törtel seit gestern zugestoßen war!

Er hockte auf dem Dach von Gerda Grubers Auto und Gerda Gruber fuhr einen heißen Reifen. Der Fahrtwind blies Törtel mit Orkanstärke ins Gesicht. Und wäre nicht das klaffende Loch im Stoffdach gewesen, der Fahrtwind hätte Törtel einfach vom Dach geweht.

Wie eine Schwalbe im Hurrikan wäre er durch die Luft gewirbelt.

Wie Hokuspokus, der Schwan, hätte er eine Bruchlandung hingelegt.

So aber klemmte er zwischen den flatternden Stoffdachfetzen, sah Müggeldorfs Häuser vorüberziehen und zählte um sein Leben.

»Siebenunddreißig, achtunddreißig, neununddreißig«, zählte Törtel, als Gerda Gruber mit quietschenden Reifen in die Kurve ging.

»Dreiundfünfzig, vierundfünfzig, fünfundfünfzig«, zählte er, als sie über eine gelbe Ampel rauschte.

»Einundneunzig, zweiundneunzig, dreiundneunzig«, zählte er, als Gerda Gruber schließlich unversehens auf ein fremdes Grundstück bog. Törtel schaute in den dunklen Rachen einer Garage.

Er war sich sicher, sie alle würden an der hinteren Garagenwand zerschellen:

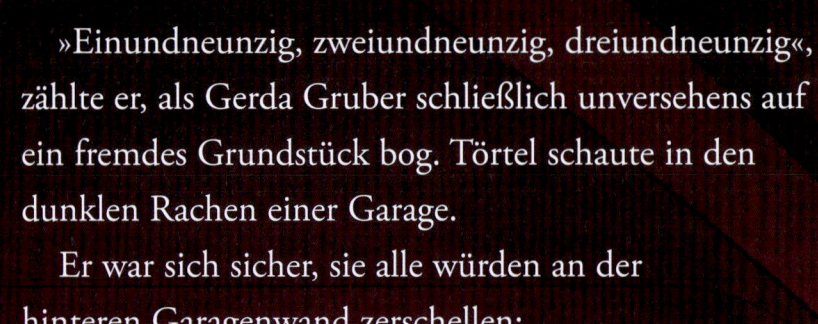

Er, die Schildkröte auf dem Dach.
Kevin, der Marder unter der Motorhaube.
Und Gerda Gruber, die wie besessen von dem
Gedanken war, ihr Auto vor eben-
diesem Marder zu retten.
BREMSEN!, dachte Törtel
zwischen »achtundneunzig«
und »neunundneunzig«.

Doch als Gerda Gruber endlich bremste, war nicht mal das noch eine Erleichterung. Törtel konnte sich nicht länger an die Fetzen des Stoffdachs klammern: Er wurde in hohem Bogen vom Dach katapultiert, segelte durchs Halbdunkel von Frau Schmidts Garage und landete in einem Reifenstapel.

»Hundert«, zählte er und glotzte ratlos das schwarze Gummirund des Reifenstapels an.

Er hatte die Nase voll von Autos und ihrem Zubehör.

Er hatte auch die Nase voll von Automardern.

»Törtel?«

Törtel sah in Kevins Gesicht. Der Marder schaute in den Reifenstapel herab wie auf den Grund eines Brunnens. »Bist du etwa auch mitgefahren?«, fragte Kevin. »Im Auto? War das nicht toll?!«

Toll? Törtel verdrehte die Augen und schwieg.

Er war soeben von einem Autodach geflogen.

Er war in einen Reifenstapel gestürzt.

Er lag wie ein Käfer auf dem Rücken.

Nichts, aber auch gar nichts daran war toll.

»Stell dir nur vor!«, rief Kevin. »Sie haben gerade das Garagentor zugemacht! Wir sind allein! Wir sind allein mit diesem herrlichen Auto!«

Kevins Gesicht verschwand. Törtel hörte nur noch seine Stimme.

»Jetzt stört uns niemand mehr, Törtel!«, rief Kevin. »Wir haben das Auto ganz für uns!«

»Sie … haben … die … Garage … zugemacht?« Törtel war fassungslos. Beinahe versagte ihm die Stimme. Sie waren in der Garage eingesperrt!

»Richtig!«, hörte er Kevin sagen. »Tor zu und abgeschlossen! Alles bestens also!«

»Bestens?«, wiederholte Törtel schwach. Er versuchte, sich umzudrehen und irgendwie auf die Beine zu kommen, aber das misslang. »Könntest du mir bitte helfen, Kevin?«, rief er.

»Jetzt?« Kevins Stimme klang ziemlich entfernt. Vielleicht umrundete er schon wieder bewundernd das Auto. Oder er hüpfte auf dem kaputten Stoffdach herum. »Hat das nicht Zeit, Törtel?«

»NEIN!«, sagte Törtel, so streng er konnte.

»Na gut!« Kevin kehrte zum Reifenstapel zurück.

Mit einiger Mühe half er Törtel heraus. Törtel fand sich auf dem Betonboden der Garage wieder. Es war ziemlich dunkel und es stank nach Autoabgasen.

»Ist es nicht herrlich hier?«, fragte Kevin. »Ich glaube, ich finde Garagen noch schöner als Carports. In einer Garage habe ich übrigens noch nie gewohnt! Wollen wir es uns gemütlich machen? Ich könnte jetzt endlich ein bisschen an den Kabeln knabbern. Vielleicht magst du auch mal welche probieren?«

»Aber Kevin!«, stöhnte Törtel. »Begreifst du denn gar nicht, dass wir hier eingesperrt sind? Wir werden hier drinnen verhungern. Und dann verdursten! Oder andersrum.« Er seufzte. Die Lage war schlimm.

»Ach was! So ein bisschen Eingesperrtsein schadet doch niemandem!«, wiegelte Kevin ab. »Maunzi ist das schon ganz oft passiert. In Garagen, Kellern, Geräteschuppen … Maunzi war schon überall eingesperrt!«

»Aber Maunzi ist eine Katze!«, rief Törtel. »Sie ist ein Haustier. Und wenn ein Haustier vermisst wird, dann wird es gesucht! Niemand vermisst einen Marder …« Und niemand, dachte Törtel, vermutete eine entlaufene Schildkröte in einer Garage!

»So? Meinst du?« Offenbar war Kevin ins Grübeln gekommen. Er klang jedenfalls nicht mehr so aufgekratzt wie eben.

»Wir haben ein Problem, Kevin«, sagte Törtel. »Wir müssen hier unbedingt raus!«

»Echt?« Kevin warf schmachtende Blicke auf das Auto, das im Halbdunkel vor ihnen stand. »Tja«, sagte Kevin dann. »Leider, leider habe ich keine Ahnung, wo hier der Ausgang ist. Also können wir es uns ebenso gut ein bisschen gemütlich machen!« Und damit nahm der Marder Anlauf und sprang auf die Kühlerhaube des tomatenroten Cabriolets!

»Das ist es!« Plötzlich spürte Törtel eine gewaltige Erleichterung: Er hatte nämlich eine Idee.

»Hä?«, machte Kevin.

»Könntest du mir einen Gefallen tun?«, fragte Törtel.

»Nun ja …« Kevin sah Törtel misstrauisch an. »Das kommt darauf an. Eigentlich wollte ich gerade …«

»… auf dem Auto rumhüpfen?«, fragte Törtel.

»Ein bisschen vielleicht?«, sagte Kevin schüchtern. »Ein kleines bisschen?«

»Genau das ist der Gefallen, um den ich dich bitten wollte!«, sagte Törtel. »Hüpf auf dem Auto rum. Aber nicht bloß ein bisschen. Sondern richtig viel! Spring, so hoch du kannst! Einverstanden?«

»Du bist komisch, Törtel«, sagte Kevin. »Erst willst du nicht, dass ich auf dem Auto rumspringe … Dann willst du unbedingt, dass ich auf dem Auto rumspringe … Wie soll man daraus schlau werden?«

»Springst du bitte einfach?«, sagte Törtel. »Los! Mach schon!«

»Na gut …« Kevin kraxelte auf das Stoffdach. Er begann zu hüpfen. Auf und ab.

Törtel hielt den Atem an. Würde sein Plan aufgehen? Oder war nicht nur das Dach, sondern womöglich auch die Alarmanlage des Autos beschädigt?

NJAU-NJAU-NJAU, machte es in diesem Moment. In der engen Garage klang der Alarm noch viel lauter als in Gerda Grubers Einfahrt!

Zum ersten Mal seit einer Ewigkeit war Törtel zufrieden. Dieses NJAU-NJAU-NJAU war bestimmt

weithin zu hören! Er krabbelte los, um bloß rechtzeitig am Garagentor zu sein.

Kevin sprang erschrocken auf den Garagenboden. »So ein Pech!«, rief er. Dann sah er in Törtels zufriedenes Gesicht. »Nein!« Langsam schien es dem Marder zu dämmern. »Hast du mich etwa ausgetrickst?«

Die Antwort konnte Törtel sich sparen. Das Tor ging auf. Frau Schmidt, der die Garage gehörte, war gekommen, um nach dem Rechten zu sehen.

Eine glückliche Schildkröte und ein nicht ganz so glücklicher Automarder schlüpften unbemerkt ins helle Licht des Tages.

NJAU-NJAU-N … machte die Autoalarmanlage und brach ab.

Kevin warf einen letzten sehnsüchtigen Blick in die Garage. Schweren Herzens verließ er das tomatenrote Cabriolet und folgte dem eilig davonkrabbelnden Törtel.

7

Törtel kehrt an den Tatort zurück – Sascha Bommel zeigt Fotos

»Eins-und-zwei und eins-und-zwei und eins-und-zwei.«
Törtel marschierte über den Bürgersteig. Es war
genauso heiß wie am Vortag, aber Törtel war nicht
genauso schnell. Er war erschöpft von seinem Aben-
teuer mit Kevin.

Er fühlte sich nicht wie eine Schwalbe,
die durch den Himmel schoss.

Er fühlte sich nicht wie ein
Hecht, der durch den
Müggelsee glitt.

Und er fühlte sich ganz
bestimmt nicht wie ein
Marder, der über eine ge-
pflasterte Einfahrt huschte.

»Komm schon, Kevin«,
sagte Törtel. »Es ist Zeit, dass
wir nach Hause kommen.«

Der Marder aber hatte es nicht eilig. Ausnahmsweise war er so langsam wie Törtel. Er vermisste Gerda Grubers Auto und mit jedem Schritt ließ er es weiter hinter sich.

Kevin wäre gern in der Garage geblieben. Jetzt schlich er enttäuscht über den Bürgersteig. Er seufzte.

Und so – der eine zählend, der andere seufzend – kehrten Törtel und Kevin an den Tatort zurück. Es waren nur noch ein paar Schritte bis zu Gerda Grubers Einfahrt.

»Wie gehen da einfach vorbei, hörst du?«, sagte Törtel zu Kevin. »Ich habe keine Lust mehr auf Wasserwerfer und Marderspray.«

Kevin sagte nichts dazu. Er hatte keine Lust auf eine leere Einfahrt. Er würde nicht mal hinschauen, denn das schöne Auto gab es ja nicht mehr zu sehen.

»He! Kevin! Törtel!« Auf einmal streckten Asta, Stine und Cally die Waschbärenköpfe aus der Hecke. »Wo wart ihr denn die ganze Zeit?«

Törtel antwortete lieber nicht darauf. Er dachte nur ungern an die Garage. Und von seiner rasenden Fahrt vorher wollte er ganz bestimmt nicht erzählen.

»Egal«, sagte Asta.

»Jetzt seid ihr ja da«, sagte Stine.

»Was gut ist«, sagte Cally.

»Denn das«, sagten alle drei, »müsst ihr unbedingt sehen!«

Aus Gerda Grubers Einfahrt drangen aufgeregte Stimmen.

Törtel, Kevin und die Waschbärenschwestern krochen unter einen Busch, um zuzusehen.

In der Einfahrt hatten sich Gerda Gruber, Hermann Lüttkewitz und Sascha Bommel versammelt. Sascha Bommel hatte die Wildtierkamera in der Hand, die er gestern an einem der Pfosten des Carports angebracht hatte.

»Da bin ich ja mal gespannt, was auf den Bildern zu sehen ist«, sagte er.

Er drückte auf der Kamera herum. Gerda Gruber und Hermann Lüttkewitz sahen ihm über die Schulter.

»Sieh an. Ein Waschbär«, sagte Sascha Bommel und zeigte auf ein Foto der feixenden Stine.

Hermann Lüttkewitz wirkte seltsam angespannt.

Von einer Kamera hatte er nichts gewusst. »Das … das muss der Waschbär sein, der mit einem Stein auf Ihr Auto losgegangen ist!«, sagt er zu Gerda Gruber. »Den habe ich von meinem Grundstück aus gesehen!« Er schluckte. Noch hielt er an seiner Lügengeschichte fest.

»Zeigen Sie mal das nächste Bild«, sagte Gerda Gruber zu Sascha Bommel.

Der Reporter des Müggelseeboten drückte wieder auf seiner Kamera herum. Das nächste Bild erschien.

Es zeigte keinen Waschbären und auch keinen Stein.

Es zeigte Hermann Lüttkewitz mit seinem Rechen.

»WAAAAAS?« Gerda Grubers Wutschrei hallte durch die Einfahrt. Es kam Törtel vor, als würde auch der Busch, unter dem er hockte, erzittern.

Hermann Lüttkewitz wurde ganz bleich.

Gerda Gruber schrie weiter: »SIE waren das? SIE sind mit diesem … diesem … Ding da auf MEIN AUTO losgegangen? Sie haben mit einem Rechen auf mein Auto EINGESCHLAGEN?« Während sie schrie, stach sie mit dem Zeigefinger erst auf Sascha Bommels Kamera ein. Und dann, nachdem Sascha Bommel seine Kamera in Sicherheit gebracht hatte, schien

Gerda Gruber denselben Zeigefinger in Hermann Lütt-kewitz' Brust bohren zu wollen.

»Dafür werden Sie bezahlen, HERR LÜTTKE-WITZ!«, rief sie.

»Äh …« Hermann Lüttkewitz starrte auf Gerda Grubers gefährlichen Zeigefinger und wich angsterfüllt zurück.

»Sie werden das Dach bezahlen, HERR LÜTTKE-WITZ!«, schrie Gerda Gruber. »UND DAS WIRD NICHT BILLIG!« Gerda Gruber musste immer lauter schreien. Lüttkewitz hatte nämlich die Flucht an-getreten. Gerade lief er an dem Busch vorbei, in dem sich Törtel, Kevin und die Waschbären versteckten.

»DAS WIRD SOGAR RICHTIG TEUER!«, schrie Gerda Gruber ihrem flüchtenden Nachbarn nach. Und dann schnappte sie sich Sascha Bommels Wildtier-kamera.

»Das sind BEWEISE!«, herrschte sie den ganz und gar unschuldigen Reporter des Müggelseeboten an. »Und die drucken Sie ganz bestimmt nicht in Ihrer Zeitung!«

8

Ein Geschenk für Kevin – die Geschichte geht zu Ende

In Gerda Grubers Einfahrt war endlich Ruhe eingekehrt. Hermann Lüttkewitz hatte sich schamrot in sein Haus nebenan geflüchtet. Gerda Gruber hatte wutentbrannt ihre Haustür zugeknallt. Sascha Bommel hatte sich ratlos am Kopf gekratzt und war dann schulterzuckend über die Straße verschwunden – ohne seine Wildtierkamera.

Törtel, Kevin und die Waschbärenschwestern blieben allein zurück. Die Sonne brannte auf das Pflaster der verwaisten Einfahrt.

»Das war lustig!«, sagte Stine. »Wie sie ihn angeschrien hat!«

»Ich fand den Wasserwerfer am besten!«, sagte Asta.

»Und ich das offene Auto!«, sagte Cally. »Wie plötzlich die Musik angegangen ist!«

»Ich bin sehr froh, dass es vorbei ist«, seufzte Törtel.

Kevin sagte nichts. Er sah stumm zum Carport hinüber, unter dem zu seinem tiefen Bedauern nun kein Auto mehr stand.

»Kevin?«, fragte Törtel. »Alles in Ordnung mit dir?«

»Nun ja«, sagte Kevin und ließ die schmalen Schultern hängen.

»Es ist besser so«, sagte Törtel. »Du weißt doch: Die Menschen können nicht teilen. Bei Autos fällt es ihnen, glaube ich, sogar besonders schwer.«

»Mag sein«, sagte Kevin matt. »Trotzdem schade, dass es fort ist. Aber vielleicht …«

»Oh nein!«, unterbrach ihn Törtel. »Du musst mir versprechen, dass du dieses Auto in Zukunft in Ruhe lässt!«

»Echt?«, sagte Kevin.

»Echt!«, sagte Törtel.

»He«, mischte sich da Asta ein. »Kevin, wir hätten da was für dich …«

»Für mich?« Der Marder machte große Augen. »Was denn?«

Asta hielt ihm die Duftschildkröte hin, die an Gerda
Grubers Rückspiegel gehangen hatte.
Die Waschbären hatten sie abgerissen – und mir
nichts, dir nichts geklaut.

»Oh!«, rief Kevin. Er hielt sich die Schildkröte an
die kleine, schwarze Nase und schnupperte daran.
»Wusstest du, Törtel«, sagte er schwärmerisch, »dass
Düfte die schönsten Erinnerungen wecken?«

Dieses Buch ist erhältlich als:
ISBN 978-3-407-75893-4 Print
© 2024 Beltz & Gelberg
in der Verlagsgruppe Beltz · Weinheim Basel
Werderstraße 10, 69469 Weinheim
Alle Rechte für diese Ausgabe vorbehalten
Die Bücher zur TV-Serie *Törtel*
Geschrieben von Wieland Freund
Nach einem Drehbuch von Jonathan Evans
Basierend auf den *Törtel*-Originalbüchern von Wieland Freund
Umschlaggestaltung unter Verwendung eines Bildes aus der TV-Serie: Nancy Aprile
Herstellung: Nancy Aprile
Satz: Rooda Lee/Nancy Aprile
Druck und Bindung: Beltz Grafische Betriebe, Bad Langensalza
Beltz Grafische Betriebe ist ein klimaneutrales Unternehmen (ID 15985-2104-100).
Printed in Germany
1 2 3 4 5   28 27 26 25 24

Weitere Informationen zu unseren Autor:innen und
Titeln finden Sie unter: www.beltz.de

Die Serie im ZDF und KiKA

TÖRTEL

Mit Törtel und den wilden

Die Bücher zur TV-Serie (ab 6)

Wieland Freund

Törtel
Ach du lieber Schwan

Gebunden, 90 Seiten
Beltz & Gelberg (79622)

Wieland Freund

Törtel
Palle sucht die Wildnis

Gebunden, 90 Seiten
Beltz & Gelberg (75756)

Wieland Freund

Törtel
Marder-Alarm

Gebunden, 90 Seiten
Beltz & Gelberg (75893)

Tieren Freundschaft erleben

Das Original (ab 8)

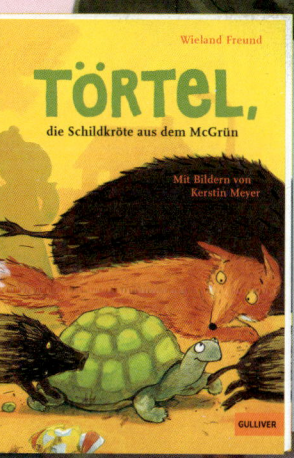

Gebunden, 164 Seiten
Gulliver (81330)
Ebenfalls als E-Book erhältlich (81335).

Taschenbuch, 192 Seiten
Gulliver (74325)